БАГАТИЙ ТАТО, БІДНИЙ ТАТО

Аналіз та підсумки за мотивами книги Robert Kiyosaki

Book Review

БАГАТИЙ ТАТО, БІДНИЙ ТАТО

Аналіз та підсумки за мотивами книги Robert Kiyosaki

написаний Myriam M'Barki
перекладено Yaroslav Melnik

50MINUTES.com

БАГАТИЙ ТАТО, БІДНИЙ ТАТО

РОЗБАГАТІТИ – НАВИЧКА, ЯКОЇ НЕ МОЖНА НАВЧИТИ

Книга «Багатий *тато, бідний тато», що стала* справжнім світовим феноменом, зруйнувала усталені економічні норми та спонукала до революційних роздумів щодо виходу з фінансової пастки, яка ув'язнює нас протягом усього нашого життя і яку автор Роберт Т. Кійосакі назвав «щурячими перегонами». Бестселер, що здобув успіх як серед критиків, так і серед читачів, книга була продана накладом понад 15 мільйонів примірників, вивчається в бізнес-школах і піддалася широкому технічному аналізу з моменту її появи в книжкових магазинах. Основний інтерес до цієї книги базується на вражаючому успіху її автора, який за десять років побудував фінансову імперію, достатньо прибуткову для того, щоб вона могла розвиватися сама по собі впродовж кількох поколінь.

На думку Кійосакі, доступ до багатства ґрунтується на кількох базових принципах, які часто не беруться до уваги, але які знаходяться в межах досяжності кожного і є легкодоступними для тих, хто хоче фінансово емансипувати себе. Дійсно, батьки з сімей середнього або робітничого класу, як правило, прищеплюють своїм дітям цінності, пов'язані з академічними успіхами, але питанням, пов'язаним з управлінням фінансами, не приділяється ніякої уваги ні в сім'ї, ні в школі. Таким чином, знання багатих людей щодо основ інвестування ніколи не передаються, що призводить до зростання розриву між соціальними класами.

Молоді люди витрачають роки на вивчення застарілих матеріалів, які не стануть їм у пригоді в сучасному світі. Люди працюють важко, не покладаючи рук, щоб наприкінці життя отримати товари, які коштують набагато менше. Сучасні діти потребують більш тонкого, більш витонченого навчання і повинні бути навчені йти на ризик. Ідея полягає в тому, щоб відійти від того, що прийнято в суспільстві, і навчитися ставити гроші собі на службу, а не працювати на службу грошам.

Протягом усієї книги ми бачимо бажання автора поділитися ключами до успіху, надаючи експертні поради та пояснюючи за допомогою різних теорій, що рішучість, креативність, сміливість та рівень фінансового інтелекту можуть привести до багатства та обмежити ризики, пов'язані з інвестуванням.

КЛЮЧОВА ІНФОРМАЦІЯ

Посилання: Кійосакі, Р. Т. (2011) Багатий *тато, бідний тато: Чого багаті вчать своїх дітей про гроші – чого не роблять бідні та середній клас!* Скоттсдейл, Арізона: Plata Publishing.

Перше видання: 1997 (самвидав)

Автори:

- Роберт Т. Кійосакі, бізнесмен, інвестор, оратор і письменник, народився у 1947 році на Гаваях (США).

- Шерон Л. Лехтер, бізнесвумен, венчурний капіта-
ліст, оратор і письменниця, народилася в 1954
році.

Контекст: Особистий розвиток, управління особистими
коштами

Ключові слова:

- **Щурячі перегони:** Концепція, розроблена Кійосакі,
яка визначає соціальну обумовленість, яку ми від-
чуваємо з самого раннього віку. Суспільство нав'я-
зує людям спосіб життя і спосіб мислення,
змодельований за зразком, не заохочуючи індиві-
дуальність. «Щурячі перегони» якимось чином
заважають людям думати про гроші по-іншому і
не акцентують увагу на концепції інвестицій.

- **Грошовий потік:** Цей термін позначає потік гро-
шей, що генерується діяльністю компанії. У цій
книзі цей термін відноситься до грошового потоку,
який має особа і який доступний для інвестування.

КОНТЕКСТ

АВТОР

Дитинство

Роберт Кійосакі, автор і головний герой книги, народився в місті Хіло в штаті Гаваї (США) у 1947 році в сім'ї американців японського походження. Дитинство провів у тихому і спокійному районі. З юних років він спілкувався з однокласниками, які належали до соціального класу, що був набагато вищим за його власний, і його почала мучити думка про те, як стати багатим. Насправді, його оточення складалося переважно з відомих людей (лікарів, юристів, банкірів тощо) або сімей, які заробили свої статки на цукровій тростині. Він та його найкращий друг Майк, син його майбутнього батька-інтелектуала, були дещо осторонь від цих учнів на вечірках, організованих багатими батьками їхніх однокласників. Це не заважало їм мріяти про фантастичне майбутнє: Майк перебрав на себе плідні бізнес-справи батька, а Роберт став мультимільйонером.

Перші кроки в бізнесі

Після традиційної середньої освіти в державній школі Кіосакі вступив до військового училища торгового флоту США і став бойовим пілотом вертольота. Потім він брав участь у війні у В'єтнамі в 1972 році і отримав медаль пошани за вірну службу. Через три роки він вирішив звільнитися з армії і зайняв посаду продавця в корпорації Xerox (компанія, що займається розробкою і продажем копіювальної техніки і принтерів, заснована в 1938 році в штаті Коннектикут), де досяг успіху, регулярно входячи в трійку кращих співробітників.

Тоді для нього настав час розпочати власний бізнес з продажу та дистрибуції текстильної продукції, в тому числі футболок та гаманців. Незважаючи на велику мотивацію, компанія так і не злетіла, і він був змушений покинути Гаваї разом з дружиною в пошуках нових можливостей на континенті. У цей складний час, за його словами, вони навіть цілий рік спали в машині через брак ресурсів. Проте, Кійосакі не полишив свою бізнес-діяльність і звернув увагу на інвестиції в нерухомість. Цього разу інтуїція його не підвела, і він придбав чималий статок, знайшовши кілька прихованих коштовностей.

На цьому він не зупинився і продовжував інвестувати в різні галузі: видобуток корисних копалин (золото, мідь, срібло, нафта), страхування, сонячну енергетику, будівництво, фінансовий ринок тощо. У 1997 році він навіть створив компанію під назвою Cashflow Technologies, яка видає книги та просуває на ринку свої бренди «Rich Dad» та «Cashflow». Крім фінансового аспекту, його метою було сприяння фінансовій освіті, пропонуючи громадськості серію простих навчальних інструментів: освітні ігри, книги, телевізійні шоу, веб-сайти тощо. Завдяки своєму комерційному успіху він створив кілька клубів гри *«Cashflow" по* всьому світу.

Гра «Грошовий *потік*» – це настільна гра, створена Робертом Кійосакі, і грається за принципом, схожим на «Монополію». Вона має на меті дати гравцям фундаментальні ключі до бухгалтерського обліку та економічних питань для досягнення фінансової свободи. Вона доступна як у фізичній, так і в цифровій версіях.

Гра складається з двох смуг, внутрішньої та зовнішньої. Мета полягає в тому, щоб вибратися з внутрішньої смуги – "щурячих перегонів" – і досягти зовнішньої смуги – "шляху до швидкого прогресу", що імітує поведінку хороших інвесторів у реальному житті. Гравець виграє, коли стає фінансово незалежним.

Освітня цінність гри полягає в тому, що гравці розвивають фінансову розвідку: знаходять всіма можливими способами фінансові ресурси, необхідні для їхніх проектів, використовуючи рефлекси хорошого інвестора. Ідея полягає в тому, щоб дати їм зрозуміти, що вони практикували погану поведінку протягом усього свого життя і часто втрачають хороші інвестиційні можливості.

Звичайно, не всі його фінансові інвестиції були великими успіхами, але, як неодноразово зазначає автор у своїй книзі, головне – вчасно відскочити назад, вміючи при цьому вчитися на помилках.

Два батька

Найяскравішою подією його життя, безумовно, стала зустріч з батьком Майка, «багатим батьком», зустріч, яка визначила хід його життя і привела його до розвитку ультракапіталістичного мислення. Дійсно, на прохання Кійосакі, батько Майка почав ґрунтовно навчати його фінансовим питанням.

У цій книзі Кіосакі розповідає історію двох батьків: бідного батька, свого біологічного батька, і багатого батька, свого інтелектуального батька. Перший, незважаючи на те, що був висококваліфікованим фахівцем і високопоставленим чиновником у Міністерстві освіти, наприкінці життя опинився без гроша в кишені, навіть залишивши по собі певні борги. На відміну від нього, другий, який залишив школу у віці 12 років, щоб працювати, заробив свої статки, ставши одним з найбагатших людей на Гаваях, і все це з нуля. В той час, як один відстоює класичну освіту понад усе, інший пропагує вивчення технічних основ бізнесу.

Перший урок про гроші

Інтерес до бізнесу у Роберта Кійосакі з'явився ще у 9-річному віці, коли він попросив батька Майка навчити його заробляти гроші. Разом зі своїм другом він почав виконувати завдання з технічного обслуговування та прибирання в компанії багатого батька за сміхотворно низьку зарплату. Через кілька тижнів, будучи дуже незадоволеним своєю зарплатою, Кійосакі вже думав про те, щоб попросити про підвищення зарплати, і вирішив звільнитися, якщо відповідь буде негативною, таким чином, слідуючи пораді свого бідного батька. Настав час, коли багатий батько дав йому перший урок: одні люди працюють лише заради грошей і звільняються через те, що їм недостатньо добре платять, а інші бачать у цьому можливість розширити свої знання.

Незабаром це припущення буде доведено до межі, оскільки він змусить хлопців працювати безкоштовно, щоб вони могли знайти собі власні джерела доходу. Це був початок спільного підприємства між дитиною та її батьком-інтелектуалом, яке триватиме 30 років.

Протягом усієї своєї юності Кійосакі вчився все більше опановувати владу грошей і вже у віці 16 років став експертом з фінансового менеджменту, будучи здатним вести рахунки компанії завдяки тому, що роками слухав фінансових експертів різного роду, яких його багатий батько використовував у різних ділових починаннях (податкових консультантів, юристів, банкірів, страхових брокерів тощо). Автор стверджує, що ці вчення ставали все більш і більш значущими в міру того, як він розвивав свій професіоналізм в компанії Xerox. Працюючи продавцем, він заробляв багато грошей, але досить швидко зрозумів, що заробляє ще більше для свого боса. Саме після цього початкового усвідомлення він створив власний бізнес: компанію з управління портфелем клієнтів у сфері нерухомості. Менш ніж за три роки він згенерував більше доходу від малого бізнесу, ніж заробив за свою восьмирічну кар'єру у свого роботодавця. Використовуючи уроки свого багатого батька, він став фінансово незалежним настільки, що мав достатньо грошей, щоб вийти на пенсію у відносно молодому віці (47 років).

КОНТЕКСТ ТА ПЕРЕДУМОВИ

Економічний контекст

Книга була написана в специфічному економічному контексті: перехід до другого тисячоліття був неминучим, спосіб життя був переповнений появою мережевої економіки (економіки, народженої розвитком інтернет-компаній), а ринкові економіки вже близько десяти років перебували в глобалізованій і лібералізованій системі, в якій економічні кордони падали і ставали все більш і більш анекдотичними.

З цього переломного періоду походить колективне несвідоме бажання розбагатіти і створити капітал за будь-яку ціну. Ці фінансові концепції, які поступово ставали всеохоплюючими в суспільному житті розвинених країн, призвели до розвитку споживацького способу життя, пов'язаного з капіталізованим ідеалом, надаючи все менше значення благополуччю людини. Однак з роками, а особливо наприкінці ХХ століття, поняття психологічного благополуччя знову з'явилося і стало основним предметом занепокоєння серед населення.

Написання цієї книги було частиною тієї ідеології, де економічні питання домінували в суспільстві і нехтували іншими сферами знань, приділяючи особливу увагу людському аспекту і особистій впевненості. Звідти література пішла в напрямку особистісного розвитку, даючи поради та ключі до успіху, щоб відпустити і пробудити внутрішню свідомість, або навіть подолати страхи.

Література з особистісного розвитку

Популярність літератури з особистісного розвитку – досить нове явище, яке досягло свого піку з 2000 року. Цей тип видань з'явився ще наприкінці сімдесятих років у США, коли населення розвинених країн відчуло, що втратило орієнтири через стрімкі зміни в суспільстві. Людям необхідно було повернути впевненість у собі, переорієнтуватися на себе і знайти сенс свого життя – після звільнення від первинних уз солідарності під час післявоєнного буму (сприятливого періоду високого економічного зростання з 1945 по 1973 роки).

Хоча витоки жанру можна простежити ще в античній філософії, він набув розквіту в специфічному соціально-історичному контексті: післявоєнній Америці, з поширенням психоаналітичних теорій і появою психологічних наук. З появою Нового часу (духовної влади з волею до перетворення особистості через духовне пробудження) увага громадськості почала звертатися до функціонування людського розуму і прагнення проектувати в позитивне майбутнє, в умовах політичного та економічного домінування, зосереджуючись на концепціях зростання і особистої ефективності. Книги з особистісного розвитку читали не заради задоволення, а тому, що вони створювали очікування у читача, який шукав спосіб розкрити невикористані особистісні ресурси. Особистісний розвиток був відповіддю на кризу втрати ідентичності сучасного світу.

БАГАТИЙ ТАТО БІДНИЙ ТАТО

РЕЗЮМЕ

У своїй книзі автор розповідає про важливість розвитку навичок у сфері бухгалтерського обліку та інвестування для того, щоб звільнити себе у фінансовому плані та уникнути замкнутого кола боргів. Щоб проілюструвати свою думку, він ділить свою книгу на шість розділів, кожен з яких представляє конкретний урок про гроші, взятий з його власного досвіду спілкування з двома батьками.

Вчимося контролювати емоції

Для його багатого батька життя було сповнене сюрпризів, кожен з яких представляв різні можливості, які можна було використовувати. Мета полягає в тому, щоб навчитися робити гроші інструментом, який служить вам. Багато хто сподівається на підвищення зарплати, щоб вийти з фінансового глухого кута, але це очікування непотрібне, враховуючи, що проблема полягає в емоційній реакції (страх) і відсутності раціонального судження (жадібність). Страх залишитися без копійки спонукає нас працювати більше, ніж потрібно, а жадібність, уособлена зарплатною відомістю, змушує нас думати, що на ці гроші можна купити багато чудових речей. Саме страх часто диктує наші дії і наші бажання. Саме він блокує професійний імпульс і підтримує думку про те, що найкращий спосіб впоратися з труднощами – знайти стабільну і добре оплачувану роботу. Однак, цикл «дорога-робота-сон за зарплату» є коротко-строковим рішенням, яке забезпечує їжу на столі в кінці місяця, для довгострокової проблеми, що піднімає питання залежності та соціальних зобов'язань щодо роботи.

Навіть якщо ви будете багаті, якщо не навчитеся домінувати над цими двома емоціями і контролювати владу грошей, невдачі будуть ті ж самі і ви будете не більше ніж високооплачуваним рабом.

Чому ми повинні навчати основам фінансового сектору?

Ми можемо за одну ніч заробити мільйони і так само швидко їх втратити, як це іноді трапляється з молодими спортсменами-пенсіонерами або переможцями лотерей. Важливі не ті гроші, які ми заробляємо, а ті, які нам вдається зберегти.

Фундаментальним правилом є знання різниці між пасивними та активними доходами. Саме нерозуміння цієї різниці є однією з головних причин фінансових проблем.

> *"Багаті люди отримують активні доходи. Бідні і середній клас отримують пасивні доходи, але вважають, що вони активні", – сказав його багатий тато.*

Отже, купуються активні активи, які приносять гроші (інвестиції, акції, земля тощо), а пасивні елементи (автомобілі, будинки, об'єкти тощо) – це витрати, які будуть втрачати свою вартість і потребуватимуть постійного утримання.

Для автора бути власником житла відноситься до пасивної категорії, оскільки ця інвестиція постійно забирає гроші, навіть з урахуванням податкових пільг, і будинок також не обов'язково набуде вартості в майбутньому. Таким чином, ця інвестиція є лише витратою і збільшує кількість втрачених можливостей, оскільки капітал можна було б краще використати для формування інвестиційного портфеля. Автор рекомендує купувати гарний будинок, який буде домом лише там, де ви відчуваєте достатню віддачу від нього в кінці, і який не вимагатиме від вас брати занадто багато кредитів. Кійосакі ілюструє цю ідею на прикладі фінансового становища двох своїх батьків.

Тут доходи значно перевищують витрати, а пасивні елементи мінімальні завдяки життю, присвяченому інвестуванню.

Для біологічного батька витрати дорівнюють доходам, що не дозволяє йому інвестувати в активні активи. Пасивних елементів (кредитна картка, іпотека, борги тощо) більше, ніж активних активів.

Наслідком такої розбіжності в управлінні є те, що «бідні» збільшують свої витрати, в той час як багаті стають багатшими.

Ця діаграма чудово показує, чому багаті дублюють свій капітал протягом усього життя: активні активи приносять достатньо доходу, щоб покрити витрати і пасивні елементи, які зменшуються зі збільшенням доходу, оскільки зростає прибутковість інвестицій. Особисті витрати стають незначними, оскільки вони мають достатньо грошей, щоб мати можливість платити, не залазячи в борги, навіть якщо гроші витрачаються даремно або, як мінімум, використовуються не за призначенням чи неправильно інвестуються (це відображає стрілка вправо біля поля «витрати»).

Решта вільних коштів постійно реінвестується, перетворюючись на активні елементи, а отже, продовжує зростати. Фінансова незалежність досягається тоді, коли активні доходи перевищують заробітну плату від фізичної праці.

Не лізьте не в свої справи

Крім витрат, пов'язаних з пасивними елементами, багато людей стикаються з фінансовими труднощами через те, що все життя працюють на когось іншого. Той, хто працює на себе, готується до безтурботного майбутнього, оскільки його дохід буде забезпечений активною колонкою.

Ідея полягає в тому, щоб почати зі збереження своєї основної роботи, потім купувати реальні активні елементи і стежити за тим, щоб активна колонка залишалася стабільною. Автор також рекомендує інвестувати в категорії, які є особливо прибутковими, такі як:

- підприємства, які не потребують присутності власника і здатні управлятися іншими, інакше це стане роботою для інвестора;

- акції та пайові інвестиційні фонди (фонди, що перебувають в управлінні компанії з управління клієнтським портфелем та утримуються на правах співвласності);

- нерухомість в оренду;

- будь-яка інша категорія, яка приносить дохід, зростає в ціні і легко знаходить вихід.

Кійосакі наголошує на необхідності інвестувати в бізнеси, які нас дійсно цікавлять. Таким чином, буде легше зрозуміти ризики і проблеми, пов'язані з нашими активними доходами, і не впасти у втому, яка б призвела до безгосподарності. Разом з тим, він вважає започаткування власної справи фатальною помилкою, якщо тільки ви прямо не хочете цього і добре не підготовлені, адже переважна більшість бізнесів приречені на провал протягом п'яти років з моменту їх створення.

Коли наш грошовий потік збільшується, ми можемо нагородити себе дорогим бонусом, оскільки саме ми побудували і консолідували активну колону.

Історія податків і корпоративної влади

Історія про Робіна Гуда, який краде у багатих, щоб віддати бідним, залишається привабливою і сьогодні. Проте, на думку автора, ця концепція є найгіршим рішенням для бідних і середніх класів, оскільки, по суті, не залишає місця для справжньої соціальної справедливості і навіть зміцнює уявлення про те, що для середнього класу є нормальним платити більше податків. Отже, саме середній клас платить за бідних, а не вищий клас, як це передбачав ідеал відомого розбійника.

 # ПРИЄМНО ЗНАТИ

Спочатку в США не стягувалися фіксовані податки, а лише тимчасові податки на надзвичайні витрати, наприклад, на війну. Поступово в Англії (1874 р.) та США (1913 р.) було запроваджено постійний прибутковий податок, хоча це було пов'язано з певними труднощами у сприйнятті населенням. Щоб переконати нижчий і середній клас проголосувати за закон, що санкціонує обов'язковий податок, уряди поспішили запровадити цей податок як такий, що був призначений виключно для вилучення частини багатства багатих. Проблема полягає в тому, що апетит уряду до грошей був настільки великим, що податки незабаром були взяті з середнього класу. Звідти вони врешті-решт дійшли і до найбідніших верств населення.

Чим більше розростається уряд, тим більше доводиться вдаватися до податків для його фінансування. Багаті верстви населення, часто практикуючі професіонали, мають багато легальних ресурсів для ухилення від сплати податків. Податкова оптимізація є прекрасним прикладом: мета полягає в тому, щоб зробити доходи невидимими для очей податкових органів шляхом створення особистих компаній, інвестування в нерухомість, акції фондового ринку, придбання різних інвестиційних продуктів (таких як страхування життя, страхові активи) або через різні фонди, створені з нуля. Таким чином, кожному, хто знайомий зі сферами, пов'язаними з функціонуванням фінансових ринків та податковим законодавством, неважко усвідомити, які потенційні багатства вони приховують.

Багаті генерують гроші

> *"Мати роботу – це лише трохи більше, ніж бути повністю розореним». (Старе прислів'я від автора)*

За словами К.Кіосакі, люди, які залишаються замкненими в певних старомодних способах мислення і дій, обмежують свій вибір, чіпляючись за старі ідеали. І навпаки, ті, кому вдається адаптуватися до сучасних парадигм, беруть під контроль свою гру і знають, як примусити удачу і перетворити горішок на мільйони.

Через це вчення автор розповідає нам, що є два типи інвесторів: пасивні, ті, що купують готові пакети, та активні, ті, що створюють найкращі можливості для себе. Звичайно, друга категорія піддається набагато більшим ризикам і потребує певної експертизи, яка дозволить їм визначити найкращу можливість, але вони матимуть перевагу в тому, що отримають набагато більшу віддачу від інвестицій.

Для ілюстрації цієї теорії автор акцентує увагу на досить простих прийомах отримання чистого прибутку в короткі терміни: наприклад, купівля будинку, на який було звернено стягнення, і який матиме значну маржу при перепродажі, є дуже гарною можливістю отримати кругленьку суму з низьким ризиком і доступним стартовим капіталом.

Працювати, щоб вчитися, а не заробляти гроші

> *"Краще знати потроху про все, ніж все про одне". (Леонардо да Вінчі, італійський художник і вчений, 1452-1519)*

Шостий урок, який ми засвоїли, полягає в тому, що найкраще обирати роботу з великою кількістю можливостей для навчання та поглиблення знань, а не шукати гарантії зайнятості, хорошої зарплати чи пільг, навіть і особливо, якщо ми хочемо розбагатіти.

Зрілі люди, як правило, тримаються за свої знання і не прагнуть здобувати нові навички, оскільки вважають, часто помилково, що у них немає ні часу, ні грошей, щоб витрачати на це. Однак, деякі додаткові курси з техніки продажів, комунікації або маркетингу можуть допомогти їхньому бізнесу або кар'єрному плану «злетіти». Люди зазвичай зазнають невдачі не через те, що вони знають, а через те, чого вони не знають. Тому витратити час на диверсифікацію своїх основних навичок безцінно, і в довгостроковій перспективі ви пожнете плоди цієї особистої інвестиції. Краще працювати над поглибленням і диверсифікацією знань, ніж працювати тільки заради грошей.

КЛЮЧОВІ ПОНЯТТЯ

Вихід із щурячих перегонів

Найголовніше, що автор підсумовує у своїй книзі, — це необхідність вийти з «щурячих перегонів», найкращим чином використовуючи свій розум і час для створення власного багатства. Щурячі перегони – це концепція, створена Кійосакі, яка ілюструє суспільну обумовленість, що нав'язується нам з юних років, яка говорить нам вести загальноприйнятий спосіб життя. Це базується на академічних досягненнях, гарантії зайнятості, стабільній кар'єрі, традиційних заощадженнях і боргах. Насправді, важко працюючи більше, ніж потрібно, людина часто вчиться генерувати для себе вільний дохід, який потім використовується для отримання кредиту, який використовується для придбання товарів або особистого майна.

Відмова від хронічного мислення «чекати і спостерігати» та перехід до активних дій

Занадто часто люди очікують, що протягом життя їм випаде ідеальна нагода, або що фантастична можливість виникне з фінансового глухого кута. На думку автора, в житті необхідно ризикувати і не обмежуватися обережністю. Досягнення фінансової свободи вимагає певних дій, таких як:

- Глибоке осмислення своєї особистої економічної ситуації шляхом оцінки сильних і слабких сторін.

- Креативність та постійний пошук нових інвестиційних ідей або способів заробітку.

- Вивчення основ фінансів та ключових понять економіки через курси та тренінги.

- Робота над собою для того, щоб контролювати емоції, пов'язані зі страхом втратити все і не мати можливості оплачувати рахунки.

- Сміливо йти на ризик і не стояти на своєму.

- Оточити себе інвесторами та підприємцями, а також знайти наставника (людину, яка вже досягла того, до чого ви прагнете), щоб перейняти його досвід. Тому ніколи не рекомендується братися за проект наодинці.

- Відхід від загальноприйнятих норм шляхом дотримання власних правил і довіри до своєї внутрішньої мудрості. Соціальні норми часто спонукають нас споживати більше, ніж потрібно (щоб добре виглядати перед іншими, серед іншого), постійно брати в борг, вдаючись до кредитних карток і позик, а також спонукають нас вести спосіб життя, який відповідає стилю життя вищих (вчитися, працювати, заощаджувати, позичати, купувати). Цей стандарт насправді не дозволяє мислити нестандартно або ставити питання, які б заохочували наші власні думки та переконання.

вести спосіб життя, який відповідає стилю життя вищих (вчитися, працювати, заощаджувати, позичати, купувати). Цей стандарт насправді не дозволяє мислити нестандартно або ставити питання, які б заохочували наші власні думки та переконання.

ВПЛИВ

КРИТИКА ЙОГО ПІДХОДУ

Загалом, книга є досить актуальною та насиченою корисною інформацією, яка підштовхує читача до самовдосконалення, реалізації особистих проектів та активних дій. Автор, набагато більше, ніж фінансовий чи податковий експерт, є дуже хорошим коучем, який володіє справжнім даром мотивації та підбадьорення. Після прочитання книги дуже хочеться слідувати його порадам, щоб просто жити комфортно. Тим не менш, слід зазначити деякі критичні зауваження, які ставлять під сумнів легітимність автора, нереалістичність його слів і навіть його дилетантство.

Журналіст Роб Уокер у статті в журналі *Slate* зазначив, що Кіосакі часто занадто розпливчастий і приблизний, щоб сприймати його серйозно, а тому його слова не дотягують до серйозного економічного аналізу. Він також стверджує, що книга є нічим іншим, як конденсованою нісенітницею, яка просуває ідею про те, що Кійосакі тримає ключ до нашого фінансового майбутнього, надаючи нам поради, і що вона сповнена клішованих виразів. Нарешті, він не погоджується з висновками автора щодо американців, які відмовилися від того, що становить основу їхнього суспільства, і не витрачають достатньо часу на спроби досягти успіху і багатства, оскільки журналіст вважає цей аналіз неактуальним, оскільки патріотизм і культ героїзму все ще дуже присутній у Сполучених Штатах.

Один з редакторів «Нью-Йорк Таймс» Деймон Дарлін висловлює жаль з приводу надмірної фінансової спрямованості автора. Фактично, він наголошує на тому, що хоче отримати максимальний прибуток від усього, що говорить (коучингові конференції), думає (гра «Грошовий *потік»*) і пише (видано 25 книг, 15 з яких є варіаціями книги "Багатий *тато – бідний тато»*, написаної у співавторстві з Шерон Л. Лехтер та його фінансовими консультантами), що підриває довіру до його тверджень і уроків, які він викладає в книзі. Деякі інші критики навіть стверджують, що він розбагатів в основному за рахунок продажу своїх книг, а не за рахунок своїх бізнес-підприємств. На думку Деймона Дарліна, єдиний урок, винесений з книги, полягає в тому, що якщо ви хочете розбагатіти, краще написати книгу, яка розкриває мислення мільйонерів – хоча ця порада є контрпродуктивною, тому що вона підживлює ідею, що розбагатіти – це питання менталітету і виховання мислення як у багатої людини. Він продовжує свій аналіз, відзначаючи захоплення книг про інвестиційні стратегії, орієнтовані на фінансові ринки, за рахунок легкого написання, викладення основ інвестування. За його словами, якщо ми хочемо дізнатися про принципи економіки, навіть більш доцільно читати бізнес-звіти в стандартних газетах, ніж витрачати 25 фунтів на придбання цієї книги.

Нарешті, відомий американський бізнесмен Джон Т. Рід, відомий своїми численними запальними критичними виступами на адресу інвесторів, які дають фальшиві, на його думку, економічні поради, обмовив книгу Кіосакі, засудивши її за шахрайство і нелегітимність висловлених у ній зауважень. Він засуджує, серед іншого:

- колекціонування старих кліше про гроші (наприклад, багаті знають всі тонкощі економіки, бідні витрачають багато, коли у них є гроші на руках тощо).

- Неправдивість та недостовірність його заяв щодо податкових відрахувань та податків.

- Пропаганда ризикованого інвестування, що є вкрай небезпечним для новачка.

- Неправдоподібність його заробітку (занадто великий) після того, як він знайшов хорошу угоду з нерухомістю.

- Його (очевидно) повторювана брехня про особисте життя, яку неможливо відстежити. Так, його наставник ("багатий тато") може бути повністю вигаданим, його задекларовані доходи також могли бути перебільшені на догоду звітності, банкрутство однієї з його компаній у 1985 році могло не відбутися і він навіть бреше про функції, які виконував під час служби в торговому флоті США.

РОЗШИРЕННЯ ТА ПОДІБНІ ПІДХОДИ

У США чимало економічних тренерів або «гуру» надають поради щодо управління капіталом і розповідають про блискавичний успіх, який привів їх до надзвичайного багатства. Серед них варто відзначити американського підприємця і письменника Тімоті Феррісса (1977 р.н.), який має схожий з Кіосакі підхід: у своїх трьох опублікованих книгах він пропагує корпоративну самотворчість і роботу на себе. Дійсно, він виступає за радикальну зміну способу життя, скорочення робочого часу та зосередження на найбільш прибуткових завданнях з метою досягнення хорошого балансу в житті.

Т. Харв Екер (канадський письменник, коуч і бізнесмен, 1954 р.н.) звертається до подібного підходу і відомий тим, що провів багато коучингових семінарів. У своїй знаковій книзі *“Секрети розуму мільйонера”* він зосереджує увагу на стані розуму та ментальних установках, які сприяють багатству. Ця теорія формує ідею про те, що всі ми маємо внутрішній сценарій, який диктує наші стосунки з грошима, і, змінивши це особисте сприйняття, ми зможемо накопичити багатство. Нарешті, ця книга вчить читача, як змінити своє мислення зсередини, щоб забезпечити відсутню ланку в особистих фінансах, яка дасть поштовх їхньому відродженню. Як і Кіосакі, Екер підтримує ідею про те, що бідні вірять у застарілі економічні заповіді і в основному зосереджуються на перешкодах у житті, в той час як багаті аналізують всі доступні їм фінансові можливості, мислячи більше з точки зору процвітання.

Дональд Трамп (нар. 1946 р.), владолюбний американський бізнесмен і мільярдер, також написав кілька книг про свій надзвичайний кар’єрний успіх і ключі до збагачення. У своїх книгах «*Як стати багатим і підвищити свій фінансовий IQ: Станьте розумнішими зі своїми грошима*», *написаній* у співавторстві з Робертом Кійосакі, він наголошує на необхідності здобуття ґрунтовної фінансової освіти поза межами традиційного шкільного курсу. Він також стурбований зубожінням населення США та застарілим менталітетом громадян, які очікують, що держава подбає про них, забезпечивши роботою, соціальним статусом та медичним страхуванням.

РЕЗЮМЕ

- Збагачення та досягнення успіху не є привілеєм лише для багатих, так само як і зубожіння не є неминучим майбутнім для бідних. Ризик, сміливість та авантюризм є корисними для тих, хто хоче інвестувати.

- Важливо розуміти різницю між витратами, які принесуть прибуток (інвестиції), і витратами, які лише розтринькають його. Адже багато людей купують пасивні елементи, вважаючи себе активними творцями цінності. Фінансова незалежність досягається тоді, коли доходи від інвестицій перевищують витрати або заробітну плату.

- Щоб уникнути "щурячих перегонів", краще відійти від загальноприйнятої мудрості і слідувати власним амбіціям, ризикуючи опинитися в боргах на все життя через соціальні норми, які завжди сприяють надмірному споживанню і кредитуванню.

- У школах не викладається ніякої освіти з фінансового менеджменту. Автор навіть стверджує, що більше навчився, слухаючи уроки свого багатого тата, ніж у класі. Людина може бути вихованою, освіченою і увінчаною соціальним успіхом, але це не означає, що вона добре вміє розпоряджатися грошима.

- Не працювати заради грошей, а знаходити способи поставити гроші собі на службу. У цьому сенсі багато людей багато працюють, але не для себе: вони працюють на свого боса, потім на державу – через податки і внески – і, врешті-решт, на банк, в якому беруть кредит.

- Щоб звільнитися від фінансових обмежень, накладених державою, автор радить знати закони та систему їх дії, адже дуже легко піддатися залякуванню законом, коли не знаєш, як це робиться в оподаткуванні.

- Світ змінюється. Тому необхідно постійно переоцінювати, вчитися створювати оригінальні фінансові можливості і не обмежувати вибір, посилаючись на старі теорії.

- Якщо ви хочете досягти успіху в бізнесі, не залишайтеся наодинці і оточуйте себе людьми, які володіють різноманітними навичками, що можуть вам допомогти!

- Те, що ви знаєте, має більше значення, ніж те, що ви купуєте. Глибоке розуміння фінансових питань важливіше за стартовий капітал, адже саме це призведе до дублювання капіталу, а не навпаки.

- Збагачення себе інтелектуально в усіх сферах протягом усього життя та створення балансу у своєму житті буде вашим найкращим активом у виборі правильних інвестицій, скороченні робочого часу та насолоді життям у повній мірі.

- Нарешті, незважаючи на численні критичні зауваження на адресу автора і його роботи, він все ж таки має ту перевагу, що в цілому є вірним. Принцип не витрачати свою зарплату без потреби і вкладати свої заощадження в ретельно відібрані інвестиційні продукти, які будуть приносити постійні вигоди, є зразковим. Ця концепція, безумовно, є базовим керівництвом в економіці, але вона лише не до кінця дотримана і прийнята.

ЧИТАТИ ДАЛІ

БІБЛІОГРАФІЯ

Авіла, Я. (2006) Хто хоче бути підприємцем? «. *ABC News* [Онлайн]. [Accessed 27 July 2015]. Available from: <http://abcnews.go.com/2020/story?id=1982669>.

Бреду, А. Б. (2014) Les 5 plus belles perles de *Père riche, père pauvre* de Robert Kiyosaki. *BredouAlbanBrice.net.* [Онлайн]. [Accessed 3 July 2015]. Режим доступу: <http://bredoualbanbrice.net/5-plus-belles-perles-pere-riche-pere-pauvre-robert-kiyosaki/>.

Боротьба з кризою (2013) «Багатий тато, бідний тато» (*J'ai lu Rich Dad, Poor Dad*). *CombattreLaCrise.fr.* [Онлайн]. [Accessed 27 July 2015]. Режим доступу: <http://www.combattrelacrise.fr/jai-lu-rich-dad-poor-dad/>.

Дарлін, Д. (2005) Швидко розбагатіти, написати книгу мільйонера. *The New York Times.* [Онлайн]. [Accessed 29 December 2015]. Available from: <http://www.nytimes.com/2005/11/12/business/get-rich-quick-write-a-millionaire-book.html?_r=0>.

Eigle, T. (2011) Père riche, père pauvre. *Des Livres pour Changer de Vie.* [Онлайн]. [Accessed 2 July 2015]. Режим доступу: <http://www.des-livres-pour-changer-de-vie.fr/pere-riche-pere-pauvre/>.

Eigle, T. (2011) *Père riche, père pauvre*: la suite. *Mes Finances Mode d'emploi.* [Онлайн]. [Accessed 3 July 2015]. Режим доступу: <http://www.mes-finances-mode-demploi.fr/investir-2/le-monde-de-linvestissement-et-du-business/pere-riche-pere-pauvre-le-quadrant-du-cash-flow/>.

Ейгль, Т. (2015) Бідний, багатий, бідний. *École des Finances Personnelles*. [Онлайн]. [Accessed 3 July 2015]. Режим доступу: <http://www.ecole-des-finances-personnelles.fr/pere-riche-pere-pauvre/>.

Видатні підприємці (2016) Роберт Кіосакі. *Відомі підприємці*. [Онлайн]. [Accessed 3 July 2015]. Режим доступу: <http://www.famous-entrepreneurs.com/robert-kiyosaki>.

Г, О. (2013) Чому цей титул «Багатий, *бідний*"? *Économiser et Investir*. [Онлайн]. [Accessed 2 July 2015]. Режим доступу: <http://www.economiseretinvestir.com/pere-riche-pere-pauvre-de-robert-t-kiyosaki/>.

Кійосакі, Р.Т. (2001) Багатий, *бідний. Ce que les parents riches enseignent à leurs enfants à proposer de l'argent afin qu'il soit à leur service*. Квебек: Un Monde Différent.

Ratouis, A. (2014) Pourquoi lisons-nous des livres de développement personnel? *Le Point.* [Онлайн]. [Accessed 29 December 2015]. Режим доступу: <http://www.lepoint.fr/societe/pourquoi-lisons-nous-des-livres-de-developpement-personnel-28-09-2014-1867320_23.php>.

Рід, Дж. Т. (2015) Аналіз Джона Т. Ріда книги Роберта Т. Кійосакі «Багатий *тато, бідний тато». JohnTRreed.com*. [Онлайн]. [Accessed 29 December 2015]. Режим доступу: <http://johntreed.com/blogs/john-t-reed-s-real-estate-investment-blog/61651011-john-t-reeds-analysis-of-robert-t-kiyosakis-book-rich-dad-poor-dad-part-1>.

Вокер, Р. (2002) Якби я був багатим татом. *Slate*. [Онлайн]. [Accessed 29 December 2015]. Available from: <http://www.slate.com/articles/arts/number_1/2002/06/if_i_were_a_rich_dad.html>.

ДОДАТКОВІ ДЖЕРЕЛА

Від автора

Видано видавництвом «Плата Паблішинг»:

Квадрант грошових потоків: Посібник багатого тата до фінансової свободи, 2000.

Посібник багатого тата з інвестування: У що інвестують багаті, чого не роблять бідні та середній клас!, 2000.

Багата дитина багатого тата, розумна дитина: як дати дітям фінансовий старт, 2001.

Бізнес-школа "Багатий тато: Для людей, які люблять допомагати людям, 2003.

Багатий тато перед тим, як звільнитися з роботи: 10 реальних уроків, які повинен знати кожен підприємець про побудову багатомільйонного бізнесу, 2005.

Дотик Мідаса: Чому деякі підприємці багатіють, а більшість – ні, 2011 (у співавторстві з Дональдом Трампом).

Бізнес XXI століття, 2014.

Рекомендована література

Екер, Т. Х. (2007) *Секрети розуму мільйонера*. США: Piatkus.

Ферріс, Т. (2011) *4-годинний робочий тиждень: Втеча від 9-5, життя будь-де та приєднання до нових багатіїв*. ВЕЛИКОБРИТАНІЯ: Vermilion.

Франк, Е. (2011) *Comment je suis devenue rentière en quatre ans sans héritage ni aide particulière*. [4-е видання]. Paris: Maxima Laurent du Mesnil.

Proudhon, P. (2010) *Стратегії для покращення становища орендарів за шість років*. Paris: Edouard Valys Éditions.

Себан, О. (2011) *Tout le monde mérite d'être riche*. [3-тє видання]. Paris: Maxima Laurent du Mesnil.

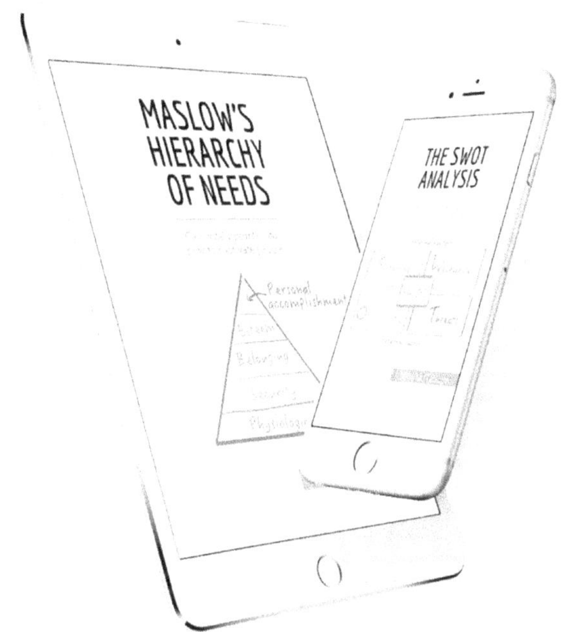

IMPROVE YOUR
GENERAL KNOWLEDGE
IN THE BLINK OF AN EYE!

Майстер ISBN: 9782808601313
Паперовий ISBN: 9782808602761
Юридичний депозит: D/2022/12603/277

Цифровий дизайн: Primento,
цифровий партнер видавництва.